AF509100

L'ART

D'APPRENDRE SOI-MÊME

A TIRER

LES CARTES,

Ou le Moyen de connoître sa bonne & mauvaise fortune, & de découvrir ses amis d'avec ses ennemis :

OUVRAGE

DÉDIÉ AUX DEUX SEXES;

Composé sur les 32 Cartes, avec leur solution selon leur rencontre ; suivi de l'Explication des Songes, des Visions nocturnes & des Numéros qui ont rapport à la Loterie.

A MEMPHIS EN EGYPTE,

Et se trouve A PARIS,

Rue Saint - Antoine , N°. 152.

———————————————

1793.

EXEMPLE.

Ne rends pas compte de tes affaires,
Car c'est agir en téméraire ;
Souvent ceux en qui on se fie
Font les plus grands maux de la vie ;
Car les amis de l'heure présente
Ont le naturel du melon ,
Il faut en éprouver cinquante
Avant d'en trouver un de bon.

L'ART D'APPRENDRE SOI-MÊME

A TIRER LES CARTES,

Ou le moyen d'apprendre fa bonne & mauvaife fortune,

OUVRAGE DÉDIÉ AUX DEUX SEXES,

Compofé fur les 32 cartes, avec la fignification de chacune, & leur folution felon leur rencontre.

LE defir de s'inftruire de l'avenir eft fans doute auffi ancien que le monde. Les Grecs confultoient les oracles ; les Romains, les augures ; les Hébreux talmudiftes avoient & ont encore aujourd'hui leur talifman & leur cabale. L'Europe entiere a été long-temps foumife à la fuperftition, au devin, au difeur de bonne aventure & à l'aftrologie judiciaire.

Aujourd'hui, avec tout l'appareil d'une faine philofophie, les deux tiers de l'humanité fe font tirer les cartes pour favoir ce qui doit leur arriver ; &, ce qu'il y a de plus plaifant, c'eft que les Sages qui ont l'air de tourner en ridicule cet amufement, s'en occupent, & quelques-uns y croient.

Pour moi qui ai toute l'apparence d'un croyant, qui femble vouloir accréditer l'Ouvrage dont je fais hommage aux deux fexes, je me propofe d'apprendre tout ce que l'on peut defirer favoir relativement aux trente-deux cartes, & en donner la folution felon la rencontre de chacune.

A ij

On peut encore, avec un peu de pratique, s'inſ-
truire bientôt de la ſignification de chacune
des cartes, ſelon leurs rencontres, & en faire
ſoi-même une juſte application ; on épargnera,
par ce moyen, l'argent que l'on donne aux Ché-
romanciens & aux Oracles. Puiſſe donc mon jeu
mériter le ſuffrage des perſonnes qui voudront
bien s'en munir, pour contribuer à leurs amu-
ſements !

Il eſt une autre vérité, que, ſi ce jeu ne
remplit pas l'objet de notre curioſité, il peut
au moins nous donner des idées & nous éclai-
rer ſur nos intérêts, ſans toutefois y ajouter
par trop de croyance.

On ne doit cependant pas conclure, d'après
l'explication des cartes, qu'on puiſſe par le pro-
cédé, quel qu'il ſoit, découvrir tout-à-fait l'avenir. Pour que la conſéquence des cartes fût juſte,
il faudroit que les événements répondiſſent aux
prédictions ; c'eſt néanmoins ce qui arrive très-ſou-
vent. Par-là l'on doit juger que cet amuſement paſ-
ſager eſt une combinaiſon plus ou moins ſenſible,
ſuivant la rencontre des cartes. La difficulté d'é-
tablir les rapports n'en détruit pas l'impoſſibilité.

L'impuiſſance avec laquelle on eſt ſouvent
obligé de rendre raiſon des phénomenes de Co-
mus & de Pinetti ; l'art avec lequel un joueur de
gobelets devine les cartes, ne dément pas leurs
opérations. Il en eſt ainſi des probabilités que
j'admets, qui ſont plus ou moins frappantes en
raiſon de l'eſprit géometre de celui qui procede.
Perſonne n'ignore aujourd'hui qu'avec le ſecours
de l'algebre, on découvre des vérités qui étonnent

& tiennent à la magie pour ceux qui ne font pas Mathématiciens.

Si ce jeu a le succès que je me suis proposé par la rencontre de chaque carte & leur solution ; &, si l'on veut supprimer leurs significations, je suis garant que l'on trouvera des choses prêtes à piquer la curiosité & à faire rire. Que l'on me permette encore de dire qu'avec un peu d'usage de l'explication de mon livre & la connoissance de soi-même, on doit être seul son oracle.

Explication de ce que signifient les trente-deux cartes, de huit en huit.

Les huit Caros.

L'as de caros signifie lettre & nouvelles sous peu. Roi de caros, signifie amitié & mariage s'il est suivi de la dame ; mais, s'il est renversé, c'est qu'il y aura beaucoup de difficulté. La dame de caros représente une femme blonde de campagne qui s'entretient avec vous, grande médisante & de mauvaise langue, qui dit des caquets envers la personne pour qui on les tire ; si elle est renversée, c'est que la personne cherche à vous faire du tort. Le valet de caros signifie un Militaire, un Facteur ou un Postillon qui vous apportera des nouvelles ; s'il est renversé, c'est que la nouvelle ne sera pas favorable pour la personne pour qui on les fait. Dix de caros signifie grande joie, changement de lieu & campagne. Neuf de caros est un petit retard pour la personne pour qui on les fait, mais ne dérange rien à ce qu'on desire savoir. Huit de caros signifie un jeune homme de commerce, qui fait des démarches pour la personne pour qui on les fait. Sept de caros est bonne nouvelle, sur-tout quand il se trouve avec l'as de caros. Le neuf de trefle, c'est grande réussite dans vos entreprises; &, si vous avez mis à la loterie, vous êtes presque sûr d'y gagner.

Les huit Cœurs.

L'as de cœur signifie joie, contentement; &, s'il est avec plusieurs figures il représente festin, boire bouteille ou en compagnie de table. Le roi de cœur est un homme comptable & qui est porté à vous obliger; mais, s'il est renversé, c'est le contraire. La dame de cœur représente une femme honnête, qui a le cœur sur la main, incapable de dire aucune fausseté & de laquelle on aura quelques services; si elle est renversée, c'est empêchement de mariage selon la personne pour qui on les tire. Le valet de cœur représente un militaire qui, sous peu, doit paroître, selon pour quoi on les tire, ou bien il représente un jeune homme qui est porté à vous rendre de grands services & duquel on doit s'attendre être lié, soit du côté droit ou du côté gauche. Le dix de cœur signifie surprise, une personne qui prendra les intérêts de la personne pour qui on les tire. Le neuf de cœur signifie la concorde & le contentement pour les personnes pour qui on les fait. Le huit de cœur signifie pour la personne pour qui on les fait, si elle est mariée, que ses enfans se porteront au bien & qu'ils seront incapables de faire aucunes bassesses; &, si la personne n'est pas mariée, ses

affaires lui réuſſiront. Le ſept de cœur, ſi c'eſt
une fille pour qui on les tire, c'eſt que, lorſ-
qu'elle ſera mariée, elle n'aura que des filles ; ſi
c'eſt un garçon, c'eſt qu'il épouſera une fille
riche & de bonne conduite.

Les huit Piques.

L'as de pique, s'il eſt ſuivi du dix & du
neuf, annonce mort que l'on apprendra ſous
peu, grande triſteſſe ; trahiſon par ceux qui nous
environnent & même vol. Le roi de pique re-
préſente un homme de loi avec lequel on aura
affaire ; ſi c'eſt pour un homme pour qui on les
fait, il ſignifie auſſi un Commiſſaire avec lequel
on aura quelques diſgraces ; s'il ſe trouve renverſé, c'eſt que la perſonne ayant un procès ne
le gagnera pas, ou qu'il aura un grand dérange-
ment dans ſes affaires. La dame de pique ſignifie une femme qui eſt chagrine, embarraſſée dans
ſes affaires, une femme veuve ; ſi elle eſt renver-
ſée, c'eſt qu'elle veut ſe remarier à l'inſu de
ſes parents ou de ſes enfants. Le valet de pique,
ſi c'eſt un jeune homme pour qui on les fait,
c'eſt qu'il aura de grandes diſgraces & que l'on
cherche à l'arrêter. Je laiſſe le reſte à la penſée
de la perſonne qui les fait ; s'il eſt renverſé, c'eſt
qu'il y a de grandes affaires contre lui ; ſi c'eſt
pour une fille à qui on les fait, c'eſt qu'elle eſt
trahie par celui qui la fréquente. Le dix de
pique, s'il eſt ſuivi de l'as & du roi, c'eſt priſon
pour un homme ; ſi c'eſt une fille ou une femme
pour qui on les fait, c'eſt maladie. Le neuf de
pique eſt retard & manque pour quelques affaires

que ce foit ; s'il eft fuivi du neuf de caros &
de l'as de trefle , que l'on doive recevoir de l'argent , on eft affuré d'être remis à un autre jour.
Le huit de pique eft une perfonne qui vous apprendra de mauvaifes nouvelles ; s'il eft fuivi du
fept de caros , & qu'il foit à côté d'une figure ,
foit mâle ou femelle , c'eft pleurs , difcorde pour
la perfonne pour qui on les fait , qu'elle fera dif-
graciée de fa place ou de fon emploi. Le fept de
pique fignifie querelles , tourment pour la perfonne à côté où il fe trouve , à moins qu'il ne
fe trouve à côté de quelques cœurs , pour lors
il annonce fûreté , indépendance & délivrance
de quelques peines.

Les huit Trefles.

L'as de trefle fuivi de l'as de caros & du fept
de trefle , fignifie gain , profit , grande réuffite
dans fes affaires pour quelle perfonne que ce
foit ; s'il eft dû de l'argent à la perfonue pour
qui on les fait , elle eft affurée d'en recevoir
fous peu , & annonce aux Négociants qui ont
bien fur les vaiffeaux que leur bien eft affuré ,
& que leur commerce profpérera. Le roi de
trefle fignifie & repréfente une perfonne jufte ,
équitable & qui eft portée pour vos intérêts & duquel on aura de grands fervices , foit pour obte-
nir une place ou un emploi ; s'il eft renverfé ,
c'eft qu'au lieu d'avoir la réuffite promptement ,
cela ira encore à quelque-temps , ou en danger
que les perfonnes ne pourront point y réuffir.
La dame de trefle fignifie & repréfente une
femme brune , rivalité , concurrence ; fi elle eft

à côté d'un homme marque une préférence, fidé-
lité pour celui auprès duquel elle eft ; fi elle eft
à côté d'une dame , c'eft qu'elle s'intéreffe pour
la perfonne pour qui on les fait ; mais, fi elle eft
renverfée, elle marque qu'elle eft defirée, jaloufe
& infidelle. Le valet de trefle fignifie & repréfente un amoureux , un jeune homme de famille
qui fréquente une demoifelle : s'il eft à côté d'une
dame, c'eft que la chofe réuffira, ou , s'il eft à
côté d'un homme , c'eft une perfonne qui fera
toutes les démarches pour lui, & qui s'intéreffe
à fon bien : s'il eft fuivi du valet de cœur , c'eft
figne qu'il aura du deffous par un rival ; mais ,
s'il eft renverfé, c'eft que les parents de fon côté
s'oppoferont à fon mariage. Le dix de trefle fignifie gain, profpérité , réuffite , pour quelque
chofe que ce foit ; mais, s'il eft fuivi du neuf de
caros , c'eft retard pour de l'argent : s'il eft fuivi
du neuf de pique, c'eft manque : fi on a un procès,
c'eft perte affurée. Le neuf de trefle annonce
une grande réuffite pour les amours, fur-tout fi
c'eft pour une fille ou un garçon qu'on les faffe :
fi c'eft pour une femme veuve , c'eft qu'elle
fe remariera. Le huit de trefle fignifie des démarches pour de l'argent ou pour des affaires ,
grande efpérance pour les perfonnes. Le fept de
trefle annonce une foibleffe d'amourette , felon
pour qui on les fait ; mais, s'il eft fuivi du fept
de caros & du neuf de trefle , c'eft abondance
& héritage des parents.

A v

Maniere de tirer les cartes

Vous prenez un jeu compofé des trente-deux cartes, vous les battez, & après vous faites couper les cartes à la perfonne pour qui vous les faites ; après les avoir battues & coupées, vous remettez vos cartes & vous en faites deux tas à-peu-près égaux ; vous demandez à la perfonne quel tas elle juge à propos pour elle, pour lors vous ôtez la premiere que vous mettez de côté qui eft la carte de réferve : alors vous retournez le refte du paquet que la perfonne a choifi fur la table , & vous en faites l'explication felon leur rencontre.

Exemple.

Suppofons qu'en tirant les cartes , après les avoi battues , & que, dans le tas que la perfonne a choifi , il s'y trouve quinze cartes ; l'as de cœur , le neuf de trefle , le roi de cœur , le dix de caros , le neuf de cœur , le huit de cœur , l'as de caros , le fept de trefle le fept de caros , le fept de cœur , & le huit de trefle étant la carte de réferve.

Voilà la folution des quinze cartes : l'as de cœur étant fuivi du neuf de trefle , du roi de cœur , du dix de caros , du neuf de cœur , du huit de cœur & de l'as de caros , ces fept premieres cartes fignifient grand profit & grande réuffite dans fes affaires. Valet de caros , dame de pique , as de trefle , neuf de caros , fept de trefle , fept de caros , fept de cœur & la carte de furprife étant le huit de trefle , ces huit cartes étant suivies des sept autres, annoncent surprise d'un militaire, campagne & grand bénéfice, soit pour telle personne que ce soit.

Voilà donc la premiere solution de vos quinze cartes. Pour lors vous reprenez vos quinze cartes, que vous rebattrez, vous en faites trois tas, & vous mettrez une carte toujours à part, après avoir fait couper les cartes par la personne : cela se fait par trois fois ; vous observerez que, pour la carte de réserve, l'on prend ou la premiere ou la derniere. Vous demanderez à la personne quel tas elle prend pour elle : dans le tas s'y trouvant le neuf de caros, dix de caros, le roi de cœur, le sept de trefle, & l'as de caros, c'est un homme qui se propose d'aller en campagne pour la personne pour qui on les fait, & qui lui fera part d'une bonne nouvelle. Le second tas étant pour la maison s'y trouvant le sept de caros, le neuf de trefle, l'as de cœur, l'as de trefle & le valet de caros renversé, signifie homme de bien qui s'intéresse pour la personne, & grande réussite pour ce que la personne se promet. Le tas pour ce que l'on n'attend pas se trouvant le sept de cœur devant la dame de pique, c'est grand héritage à la personne pour qui on les fait : la carte de surprise étant le huit de cœur, c'est grande espérance.

Seconde explication des trois tas.

La personne dans le tas qu'elle a choisi pour elle, se trouvant le roi de cœur, le sept de caros, le neuf de trefle & le valet de caros

A vj

fignifie un grand héritage. Dans le fecond tas
étant le fept de trefle, l'as de cœur, la dame
de pique, le huit de trefle & le huit de cœur
fignifie grand gain, foit de la loterie ou autre.
Le tas pour ce que l'on n'attend pas étant le
neuf de caros, le dix de caros, l'as de caros,
le fept de cœur & le neuf de cœur, fignifie une
lettre retenue pour la perfonne, mais une
lettre avantageufe qu'elle recevra au bout de huit
jours; la carte à part étant l'as de trefle, eft un
préfent pour la perfonne, foit en argent ou au-
trement.

Troifieme explication des trois tas.

Le tas choifi par la perfonne fe trouvant le
huit de trefle, le fept de caros, l'as de cœur,
le dix de caros & le fept de trefle, fignifie gain
& propofition de campagne : le tas pour la maifon fe trouvant le valet de caros, l'as de caros,
le fept de cœur & le huit de cœur, cela fignifie un Militaire qui apporte une nouvelle de
profit pour la perfonne. Le tas pour ce que
l'on n'attend pas étant le neuf de cœur, le neuf
de caros, le roi de cœur renverfé, l'as de trefle
& la dame de pique, fignifie une femme qui
eft chagrine d'un homme qui part en campagne & qui a fait une grande perte : la carte de
furprife étant le neuf de trefle, eft de l'argent
pour la perfonne, mais inattendu. Voilà un
exemple pour les tirer par quinze avec la folution.

Maniere de les tirer par vingt-une , & l'expli-
cation des vingt-une autres.

La solution de ce qu'elles signifient en premier , & la solution de ce que les trois tas
signifient en premiere , en seconde & troisieme
partie ; mais , pour les tirer de ce genre , il faut
toujours battre les cartes , faire couper la personne ; lorsque la personne a coupé , vous re-
mêlez vos cartes , vous en retirez onze & vous
rebattez les vingt-une ; vous faites recouper la
personne ; lorsqu'elle a recoupé, vous mettez une
carte à part qui est la carte de surprise ; les autres
cartes se trouvant la dame de trefle , le huit de
caros , la dame de caros , le huit de pique , le
huit de trefle , le dix de caros , le roi de trefle ,
le valet de cœur , le sept de cœur, le valet de
pique , le neuf de caros , la dame de cœur , le
huit de cœur , le roi de caros , sept de caros ,
neuf de pique & as de pique ; ces vingt cartes
signifient grand mariage , l'emprisonnement d'un
jeune homme à l'égard d'une blonde ; perte
pour un homme de campagne ; la carte de surprise se trouvant l'as de caros , c'est surprise
d'une lettre pour la personne : voilà la premiere
solution des 21 cartes. Vous reprenez vos cartes ,
vous les reprenez par trois fois , en faisant trois
tas , ainsi que dans le précédent exemple ; dans
le tas que la personne a choisi pour elle se
trouvant le dix de pique , le sept de trefle , l'as
de caros , le huit de cœur , le valet de pique
& le huit de pique , cela signifie un homme
qui tombera malade & perte d'argent ; le tas

pour la maifon étant le Roi de trefle, l'as de pique, le fept de caros, le valet de trefle, la dame
de cœur, la dame de caros & l'as de cœur, c'eft
un homme qui propofe le mariage à une demói-
felle, mais il y a un jaloux qui eft rival. Le tas
pour ce qu'on n'attend pas étant le dix de caros,
le 9 de pique, la dame de trefle, le roi de caros,
le 9 de caros, le 7 de cœur & valet de cœur,
c'eft féparation d'amitié; la carte de furprife étant
le 8 de cœur, c'eft campagne.

Seconde folution.

Des trois tas ayant rebattu les cartes, le tas
choifi étant le huit de trefle, l'as de pique, le valet de cœur, la dame de cœur & le neuf de caros,
cela fignifie qu'il fera un mariage, mais il y aura
un empêchement par un jeune homme : le tas pour
la maifon fe trouvant le neuf de pique, le fept de
cœur, le roi de trefle, le dix de caros & le roi de caros, fignifie grande difpute à l'égard d'une femme
blonde, & qu'elle aura beaucoup de chagrin; le tas
pour ce que l'on n'attend pas fe trouvant l'as de
caros, le fept de caros, le huit de pique, le huit de
cœur, l'as de cœur, le huit de caros & la dame
de trefle, fignifie changement de maifon pour la
perfonne & grande réuffite ; la dame de caros
étant la carte de furprife, c'eft une femme dont
il faut fe méfier, & qui vous trahit.

Explication de la troifieme folution des trois tas.

Se trouvant, dans le tas choifi, le valet de

pique, le huit de cœur, l'as de caros, le dix de caros, le neuf de caros & l'as de pique, cela signifie grand profit fuivi d'une lettre de campagne : le tas pour la maifon fe trouvant la dame de caros, le neuf de pique, le huit de pique, le roi de caros, le dix de pique, dame de cœur & fept de cœur, fignifie jaloufie de femme de la part d'un homme, & une femme en fera bien malade : le tas pour ce qu'on n'attend pas étant le huit de caros, valet de cœur, fept de caros, valet de trefle, as de cœur & huit de trefle, fignifie bataille d'hommes pour de l'argent.

Voilà la maniere de les tirer par vingt-une cartes ; mais, comme il ne feroit pas poffible de donner des folutions à chaque changement des cartes, il ne s'agit donc, pour être feul fon oracle & celui des autres, que de bien s'imprimer en foi-même la fignification des 32 cartes, felon l'explication que j'en ai donnée dans le commencement, & de bien obferver la maniere qui eft dépeinte pour les tirer foit par vingt-une, & l'on pourra, fans fe fatiguer l'efprit, être feul à portée de fe produire cet amufement, fans avoir recours à aucun oracle.

Explication des 4 as, des 4 dix, des 4 rois,
des 4 dames, des 4 valets.

Les quatre as avec les quatre dix fe trouvant dans le jeu, c'eft grand profit, grand gain pour la perfonne, foit de loterie ou héritage ; les quatre rois, grande réuffite ; les quatre dames fignifient grand caquet contre fa perfonne ; les quatre valets fignifient bataille & difpute d'hommes.

LES VÉRITABLES PRINCIPES

Pour apprendre à connoître le préfent, le paffé &
l'avenir, & découvrir fes amis d'avec fes enne-
mis, voir fi la fortune fera favorable ou con-
traire.

Ouvrage à la portée de tout le monde.

Mémoire.

D'après les recherches qui ont été faites par
nos plus grands Aftrologues, Prophetes, Caba-
liftes, Mathématiciens, &c. nous voyons qu'il
n'y a rien de jufte en combinaifons que le calcul
des cartes, pour deviner & lire jufques dans
l'ame des hommes les plus cachés. Bien des
perfonnes ont prétendu & prétendent encore que
c'étoient des fables, cela n'eft pas étonnant, &
en voilà la raifon. Il fe rencontre tant de gens
ignorants qui ne favent fouvent pas le nom de
leurs cartes & prétendent les favoir tirer, qu'ils
abufent impunément de la confiance des honnêtes
gens qui veulent bien s'en rapporter à eux, &
retirent la bonne idée que l'on doit à un talent
auffi utile à la fociété. Pour détruire toute la
mauvaife opinion que la majeure partie du public
peut en avoir, & réhabiliter un Art auffi pré-
cieux, je vais prefcrire la maniere & les regles
les plus juftes que l'on doit obferver dans ces
fortes de combinaifons, pour connoître le calcul
des cartes, & mettre chacun à portée de s'inftruire foi-même, fans être obligé d'avoir recours
à qui que ce foit : rien qu'en jettant un regard

sur mes observations , il sera possible soi-même
de décider son sort & pénétrer celui des autres.

Maniere de s'y prendre.

Il faut avoir un jeu de 32 cartes , vous les
battrez autant qu'il vous fera plaisir , ensuite
vous couperez de la main gauche , si c'est pour
vous , ou vous ferez couper , si c'est pour un
autre ; quand votre jeu est rassemblé , vous pren-
drez trois cartes de dessus , puis vous les détour-
nez ; s'il s'en trouve deux de la même couleur ,
c'est-à-dire deux piques , deux cœurs , deux trefles ou deux caros , vous tirez la plus forte &
écartez les deux autres , comme inutiles ; si elles
se trouvent toutes les trois de la même couleur ,
vous les écarterez , ainsi on continue trois par
trois , jusqu'à la fin des cartes que l'on a écar-
tées , & l'on fait comme ci-dessus encore deux
fois ; il ne faut pas toucher à celles que l'on a
tirées , parce que ce sont elles qui servent à pro-
nostiquer. *Nota* que la plus haute est l'as, le dix,
le roi , & en descendant jusqu'au sept.

Explication des Cartes.

L'as de caros est une lettre ; le roi , un
homme de campagne ; la dame , une femme
courroucée ; le dix , campagne prochaine ; le
neuf, embarras ; le huit, nouvelle , & le sept ,
fille blonde. — L'as de pique, galanterie ; le dix,
dupe & chagrin ; le roi , un homme de loi ,
ou ecclésiastique ; la dame , une femme veuve ;
le valet , un libertin, ou méchant homme ; le
neuf, trahison ou mortalité ; le huit , pleurs ;

le sept , nouvelles certaines de la mort d'un pa-
rent jeune. --- L'as de trefle , grands préfents ,
argent & amours ; le roi , un homme généreux
qui eft en place & qui aime à obliger ; la dame ,
fort amoureufe ; le valet , un jeune homme
comme il faut , paffionné & qui cherche à fe
faire aimer ; le dix , héritage ; le neuf , gain
confidérable dans tout ce que l'on entreprend ;
le huit , la penfée , le fept , mariage immanqua-
ble. --- L'as de cœur , la maifon ; le dix , victoire ;
le roi , un homme faux & fur lequel on ne peut
compter ; la dame une femme entreprenante ,
capable de faire le bien comme le mal ; le valet ,
marin ou marchand ; le neuf , procès gagné ou
délivrance de captivité ; le huit , bonheur au
jeu ; le fept , fille groffe.

Alors vous voyez comme les cartes que
vous avez tirées fe trouvent arrangées à côté
l'une de l'autre , & vous en jugez felon l'explication ci-deffus ; enfuite vous les raffemblez ,
les battez & en faites trois paquets , & jettez une
carte de côté ; le premier de ces trois paquets eft
pour la perfonne pour qui l'on tire , le fecond pour
la partie contraire , & le troifieme eft pour
favoir ce qu'il en fera ; vous réitérez trois fois
la même chofe , en jettant une carte chaque fois
de côté , ce qui en forme trois à la fin , que
l'on nomme *furprife* , vous les découvrirez , &
vous en jugerez felon la regle ordinaire. Par
exemple , s'il fe trouve le roi de caros , l'as
de caros , l'as de cœur , je dis : c'eft une nouvelle
d'un homme de campagne qui vient à la maifon.

Pour un mariage & autre sujet.

Prenez un jeu de 32 cartes qui eſt le jeu de piquet ordinaire , vous les battez bien , & les faites couper trois fois à la perſonne ou à vous-même dont en voilà l'exemple.

C'eſt - à - dire que , ſi vous les tirez pour un mariage , il faut avoir ſoin de retenir deux cartes; le monſieur & la demoiſelle, ſavoir, brun ou blond ; les cœurs & les caros , c'eſt blond ou blonde ; les trefles & les piques , c'eſt brun ou brune ; ſi c'eſt un garçon , il lui faut la tierce au roi de trefle ; ſi c'eſt une brune , il lui faut la tierce au roi de trefle avec l'as de pique ayant la queue en l'air ; ſi c'eſt un blond ou une blonde , il lui faut la même répétition en cœur ou en caros ; ſi c'eſt à la campagne , il faut qu'il ſoit en caros ; ſi c'eſt un mariage veuf, il faut qu'il ſe trouve la tierce au roi de pique avec l'as de cœur.

Pour un héritage.

Si c'eſt pour quelqu'héritage , il faut qu'il y ait du bien à revenir , il y aura les quatre petits trefles avec l'as ; & l'as de pique , la queue en bas , annonce mort & profit.

Pour un procès.

Pour voir la réuſſite d'un procès , il faut le roi de pique ; s'il ſe trouve la quinte majeure en pique , c'eſt perte pour la réuſſite d'un procès ; il faut quatre dix , ſi c'eſt réuſſite , ou bien carte blanche.

Pour un vol.

Vous voulez voir pour un vol, savoir si le voleur sera découvert, il faut les quatre valets, il faut le 8 de pique qui est prison & le roi de pique; &, s'il se trouve l'as de pique, le prisonnier sera en danger de la mort; &, s'il se trouve le roi de trefle & la dame de cœur, ils restitueront avec l'as de trefle; &, s'il s'y trouve en plus forte partie des caros, c'est qu'ils ne seront pas arrêtés pour ce sujet.

Pour un prisonnier ou prisonniere.

Si c'est pour quelqu'un qui soit en prison, savoir s'il en sortira, oui ou non, il faut la dame de cœur, le valet de trefle, le 9 de trefle, & les quatre as qui lui forment la délivrance; & au contraire, s'il n'est pas pour sortir, qu'il y ait le roi de pique, le valet de caros, le neuf de pique, le 9 de caros & le 8 de pique, il n'en sortira qu'avec grand peine.

Pour les voyages.

Si c'est pour quelque voyageur, soit sur mer ou sur terre, savoir s'il se porte bien, ou si vous en aurez des nouvelles, il lui faut l'as de caros, l'as de cœur & le 10 de caros; le 7 de caros, c'est nouvelle assurée; &, s'ils sont malades, il faut que le dix de pique se trouve vis-à-vis ou devant la personne pour qui vous les faites; &, s'ils réussiront dans leurs entreprises, il se trouvera le neuf de cœur, l'as & le dix de trefle; &, si les personnes sont mortes, il se trouvera l'as de pique devant la personne, la pointe en bas ; & , s'ils font prêts à revenir, il faut que le huit de caros fe trouve devant la perfonne.

Nota. Il faut obferver qu'en tirant les cartes, foit par quinze ou par vingt-une, fi la majeure partie fe trouve en carte blanche, c'eft grande réuffite pour la perfonne ; mais, s'il fe trouvoit les cinq baffes cartes de pique ; c'eft que la perfonne apprendroit la mort de quelqu'un de fes parents ou de fes amis ; s'il fe trouvoit les cinq baffes cartes de trefle, ce feroit gain de procès & de loterie ; mais, s'il fe trouvoit les cinq baffes cartes de caros & de cœur, ce feroit bonne nouvelle pour la perfonne pour qui on les fait, foit homme ou femme.

Explication des douze fignes du Zodiaque.

Nous commencerons par le calendrier ordinaire, & prenant Janvier pour le premier mois de l'année, nous commencerons les douze fignes du Zodiaque par le verfeau qui eft le figne de ce mois ; ce figne domine, felon l'aftrologie, depuis le 20 Janvier jufqu'au 19 Février : les perfonnes qui naiffent fous lui, font prodigues, fubtiles, ingénieufes, inconftantes & favorifées de la fortune ; elles font pour l'ordinaire fanguines, grandes & bien faites, défiantes & de petite reffource.

L'influence des poiffons domine depuis le dix-neuf Février jufqu'au vingt Mars. Ceux qui naiffent fous leurs conftellations, ont les inclinations fortes en amour ; la fortune pour l'ordinaire les dédommage, dans leur vieilleffe, des traverfes qu'ils éprouvent dans leur jeuneffe, & font très-charitables.

Ceux qui naiffent fous le bélier & dont l'influence commence le 20 Mars jufqu'au 20 Avril, font violents par l'exceffive chaleur de leur fang; ils font malgré cela tendres, jaloux & voluptueux.

Ceux qui naiffent fous l'influence du taureau entre le 20 Avril & le 20 Mai, font luxurieux, gourmants, amateurs de tout, généreux & bienfaifants.

Ceux qui naiffent entre le 20 Mai, au 21 Juin, fous la conftellation des jumeaux, ont une phyfionomie intéreffante, l'humeur & le caractere doux, & aiment les fciences au-deffus de tout.

Ceux qui naiffent entre le 21 Juin & le 21 Juillet, fous l'influence de l'écreviffe, font pour l'ordinaire grands, forts, d'un caractere froid, fiers, bifarres, cauftiques, mais fe comportent avec prudence.

Ceux qui naiffent du 22 Juillet au 22 Août, font fpirituels, intelligents, faits pour les grandes chofes, mais colériques, fiers, généreux, grands ménagers.

La conftellation de la Vierge commence le 23 Août jufqu'au 23 Septembre; les perfonnes qui naiffent fous ce figne font d'une taille médiocre, doux, atrabilaires, finceres, fideles, de bon confeil, fages, économes & difcrets.

Ceux qui naiffent du 22 Septembre jufqu'au 22 Octobre, fous le figne de la balance, font d'une excellente conftitution, leur vie eft tumultueufe , ils voyagent , ils aiment les arts , le fexe , la danfe , les inftruments , la bonne chere ; ils écrivent bien & parlent encore mieux : amis chauds , mais , lorfqu'on leur fait des fotifes , ils font irréconciliables.

Ceux qui naiffent fous le figne du fcorpion , du 22 Octobre jufqu'au 23 Novembre , font petits , l'efprit prématuré & vif , grands voyageurs , amis dans le befoin , ingrats dans la profpérité.

Ceux qui naiffent du 22 Novembre jufqu'au 21 Décembre font foibles , ils ont le teint pâle ; ils font cacochymes , courageux , fenfibles , conftants & d'une humeur la plus paifible , ce qui les fait rechercher de tout le monde.

Le capricorne , fes influences dominent du 21 Décembre au 21 Janvier ; les êtres nés fous ce figne fe portent un peu à la mélancolie , font careffants , d'une amitié conftante & vraiment dignes d'un fort heureux ; tout ce qu'ils entreprennent leur réuffit avantageufement.

F I N.

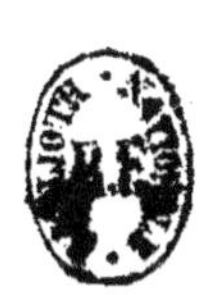

www.ingramcontent.com/pod-product-compliance
Lightning Source LLC
LaVergne TN
LVHW012127170726
843501LV00008BC/3059